まちごとインド

North India 012 Agra

アーグラ

タージ・マハルと「愛の物語」

आगरा

Asia City Guide Production

【白地図】北インド

INDIA
北インド

【白地図】アーグラ

INDIA
北インド

アーグラ

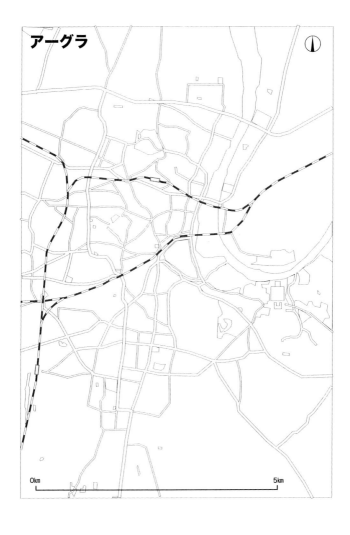

Agra 白地図

【白地図】タージガンジ

INDIA
北インド

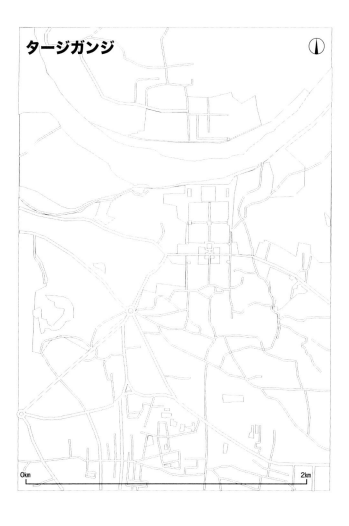

【白地図】タージガンジ中心部

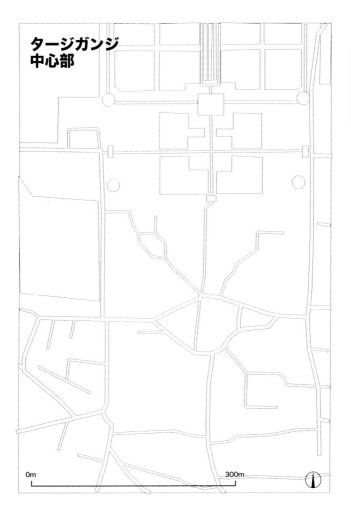

【白地図】タージマハル

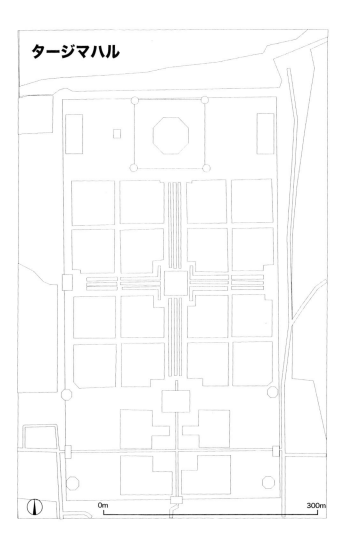

【白地図】アーグラ新市街

INDIA
北インド

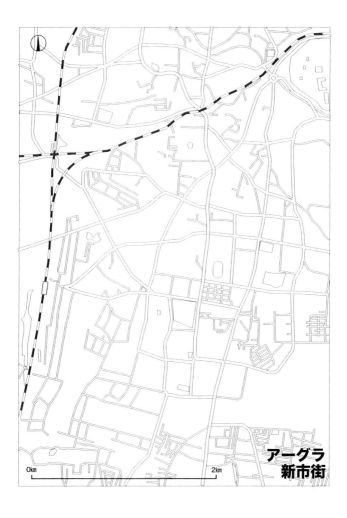

【白地図】アーグラ城

INDIA
北インド

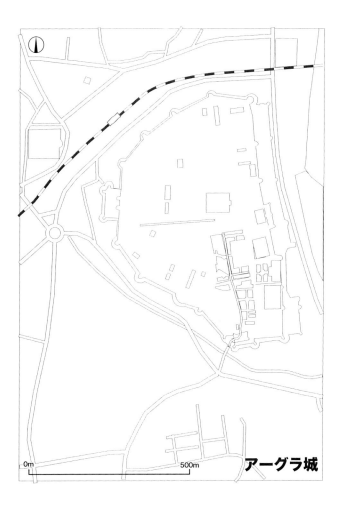

Agra 白地図

アーグラ城

【白地図】シティ

INDIA
北インド

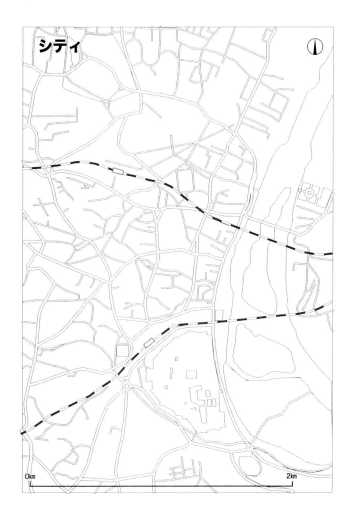

INDIA
北インド

【まちごとインド】
北インド 001 はじめての北インド
北インド 002 はじめてのデリー
北インド 003 オールド・デリー
北インド 004 ニュー・デリー
北インド 005 南デリー
北インド 012 アーグラ
北インド 013 ファテープル・シークリー
北インド 014 バラナシ
北インド 015 サールナート
北インド 022 カージュラホ
北インド 032 アムリトサル

デリーから南東に200kmに位置し、ジャムナ河西岸に広がるアーグラ。16世紀以降、ムガル帝国の都となり、土着のインド文化と支配者のイスラム文化が融合し、この街に立つタージ・マハルはその最高傑作とされる。

ペルシャ語で「モンゴル」を意味するムガルは、もともと中央アジアの遊牧騎馬民族を出身とし、1526年にバーブル帝がアーグラに入城したことで、南アジアにムガル帝国が樹立された。第3代アクバル帝の治世（1564年から75年）にアーグラ城が築かれ、北インドを中心とする広大な帝国の都がお

आगरा アーグラ
Agra

かれると街の繁栄は頂点に達した（19世紀まで200年以上帝国は続いた）。

　18世紀になるとマラータ同盟やイギリスの侵攻で、やがてムガル帝国はアーグラ城を明け渡し、政治の舞台はデリーやコルカタへと遷っていった。現在、アーグラはタージ・マハル、アーグラ城、近郊にファテープル・シークリーという世界遺産を抱え、ムガル帝国の栄華を今に伝えている。

【まちごとインド】

北インド012 アーグラ

INDIA
北インド

目次

アーグラ	xviii
赤と白の都訪ねて	xxiv
美しさ地上最高の建築	xxxi
タージ鑑賞案内	xlii
愛する皇妃への想いから	lii
アーグラ城鑑賞案内	lvii
シティ城市案内	lxxii
城市のうつりかわり	lxxxi

【MEMO】

【地図】北インド

北インド

赤と白の都訪ねて

INDIA 北インド

デリーから南東200kmに位置するアーグラ
ジャムナ河の恵みで育まれたこの街に
白大理石と赤砂岩を使った巨大な建築が残る

インドと、イスラムと

中世、ムガル帝国の都がおかれ、「地上でもっとも美しい建築」とたたえられるタージ・マハルが残るアーグラ。赤色のアーグラ城、白亜のタージ・マハルというふたつの世界遺産は、それぞれインドで採れる赤砂岩や白大理石をもちいて造営され、ここでイスラム建築様式とインドの風土が融合を見せた。アーグラ城を造営した第3代アクバル帝は、少数の統治者が信仰するイスラム教と、住民の多くが信仰するヒンドゥー教というふたつの宗教を互いに尊重し、ヒンドゥー教の意匠とイスラム教のアーチを組み合わせるなど、インド・イスラム文化が花開いた（ム

▲左　門楼からのぞくタージ・マハル。　▲右　ヒンドゥー様式とイスラム様式の融合、アーグラ城にて

ガル帝国成立以前のデリー・サルタナット朝時代から、異なる宗教の融和が課題で、北西インドは歴史を通してイスラム教の影響を受けることになった)。

愛する皇妃のために

タージ・マハルはムガル帝国第5代シャー・ジャハーン帝によって、愛する亡き妻ムムターズ・マハルを葬る墓廟として造営された。白大理石を使った白のたたずまい、完璧な左右対称と美しい曲線を見せるドーム、高さと横幅の等しいプロポーション、その本体に添うように4本のミナレットが立つ。タージ・マハ

INDIA
北インド

ルの造営には22年の歳月と莫大な財産がそそぎこまれ、それゆえムガル帝国の財政基盤は傾いたと言われる。結果、シャー・ジャハーン帝はムムターズ・マハルとの子アウラングゼーブ（第6代皇帝）にアーグラ城に幽閉されてしまった。シャー・ジャハーンは死ぬまで8年のあいだ、毎日、幽閉された部屋の窓から、タージ・マハルを眺めては亡き妻を想って涙に暮れていたのだという。

アーグラ街の構成

アーグラはジャムナ河のほとりに位置し、ジャムナ河が硬い地

【MEMO】

Agra 赤と白の都訪ねて

【地図】アーグラ

【地図】アーグラの [★★★]
- [ ] タージ・マハル Taj Mahal
- [ ] アーグラ城 Agra Fort

【地図】アーグラの [★★☆]
- [ ] イティマド・ウッダウラ廟 Mausoleum of Itimad ud Daula

【地図】アーグラの [★☆☆]
- [ ] シティ City
- [ ] ラーム・バーグ Ram Bagh
- [ ] ジャムナ河 Jamuna River

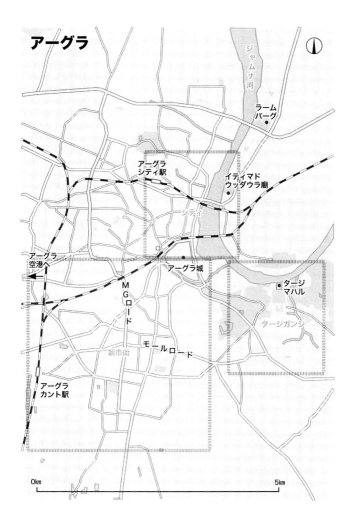

INDIA
北インド

▲左　ジャムナ河のほとりに立つタージ・マハル。　▲右　赤砂岩の壁面、門はイスラム様式

盤にあたって流れを変える場所にタージ・マハルが立つ。またその西方に河を背にしてムガル王城がおかれていたアーグラ城が残り、その門前にジャマー・マスジッド、シティと呼ばれる旧市街が広がる。また西側のアーグラ・カント駅とその東側の地域は比較的新しく開発された地区となっている。

美しさ
地上最高
の建築

緻密に計算された完璧なプロポーション
見る者の心を奪う色彩の白
この世にふたつとない「白大理石の夢」

インド・イスラム建築の最高傑作

タージ・マハルの造営にあたっては、インドだけでなく、イスラム世界からも一流の建築家や技術者、職人が呼ばれることになった。緻密なまでに計算し、何度も設計図が描かれ、模型がつくられた。こうしてできたドームをもつ墓廟本体、視覚効果が計算されたミナレット、アーチ型の門、十字形の庭園など「地上でもっとも美しい建築」とたたえられる。南門を抜けると劇的に視界が開け、堂々とした様子のタージ・マハルが目に入る。

INDIA
北インド

▲左　タージ・マハルの楼門、ここからなかに入る。　▲右　遠近法が生む視覚効果

左右対称の美

美しい曲線を見せるドーム、同じ高さと横幅をもつプロポーション、本体を支えるように立つ4本のミナレット、また前面にある庭園チャハール・バーグも左右対称で設計されている。この左右対称の美は古代から中世にかけてペルシャで育まれたもので、イスラム世界で広く使われてきた。

遠近法の活用

タージ・マハル本体を正面から見ると前方の2本はより高く見え、奥のミナレットはより低く見える（実際には四隅のミナレッ

【MEMO】

Agra 美しさ地上最高の建築

【地図】タージガンジ

【地図】タージガンジの [★★★]
- ☐ タージ・マハル Taj Mahal

【地図】タージガンジの [★☆☆]
- ☐ マターブ・バーグ Mehtab Bagh
- ☐ ジャムナ河 Jamuna River

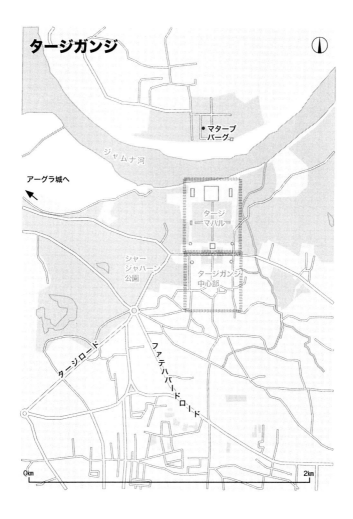

INDIA
北インド

トの高さは同じ)。またタージ・マハル本体へと向かって伸びるように見える水路もダイナミックな空間を演出している。これらの視覚効果は遠近法が十分に計算されていて、劇的な効果を見る者へ印象づける。

完璧なプロポーション

一辺57mの正方形の四隅を切り落とした八角形の平面プランをもつタージ・マハル。また本体の高さは58mのため、縦横がほとんど同じ長さとなっている。一般的なイスラム建築にくらべて高さの比率が大きく、地上から見れば迫力がある。さらに安

【MEMO】

Agra　美しさ地上最高の建築

【地図】タージガンジ中心部の [★★★]

- [ ] タージ・マハル Taj Mahal

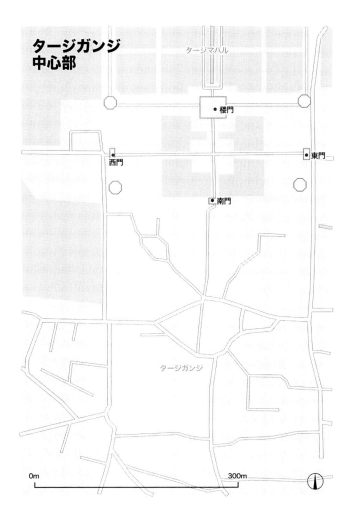

INDIA
北インド

▲左　白大理石の地面、夏はかなり熱い。　▲右　豊かなヒゲを蓄えたご老人

定感が悪くならないように周囲4本のミナレット（42m）で視覚的なバランスをとるなどの工夫がされている。

Guide, Taj Mahal
タージ鑑賞案内

INDIA 北インド

「宮廷の冠（選ばれし者）」を意味するタージ・マハル
ドーム、本体、ミナレット、庭園などからなるムガル建築で
デリーのフマユーン廟で確立された様式を受け継ぐ最高傑作

ताज महल；タージ・マハルの構成 Taj Mahal ［★★★］

タージ・マハルの築かれた地はアーグラ城から2km東に位置する。東西300m、南北560mに及ぶ長方形の広大な敷地は、三方向を壁で囲まれ、北方のジャムナ河の方向だけ開かれている。北4分の1が白大理石の墓廟に、中央4分の2を「楽園」が表現された庭園に、南4分の1が門建築からなる複合空間となっている。タージ・マハル霊廟本体のほか、西側にモスク、東側にメヘマーン・ハーナが赤砂岩で建てられている。

▲左　見事な線対称、世界でもっとも美しい建築にあげられる。　▲右　本体壁面には美しい装飾が見られる

चार-बाग；チャハール・バーグChahar Bagh ［★★☆］

十字で区切られた庭園はチャハール・バーグ（4つの庭）と呼ばれ、初代バーブル帝によってインドにもちこまれたムガル式の庭園。もともとペルシャを起源とし、厳しい砂漠気候にあって緑が茂り、水が流れる「楽園」にたとえられてきた（イスラム教の『コーラン』に描かれた楽園では、果樹が実り、天女が待っているとされる）。水利技術も高く、5つの噴水が絶えることなくめぐるように設計されている。

【地図】タージマハル

【地図】タージマハルの [★★★]
- [ ] タージ・マハル Taj Mahal

【地図】タージマハルの [★★☆]
- [ ] チャハール・バーグ Chahar Bagh
- [ ] ドーム Dome
- [ ] 墓廟本体 Body
- [ ] ミナレット Minaret

【地図】タージマハルの [★☆☆]
- [ ] ジャムナ河 Jamuna River

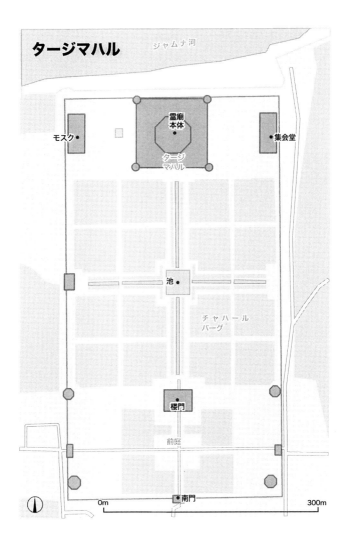

【MEMO】

INDIA
北インド

タージマハル
プラン図

立面プラン

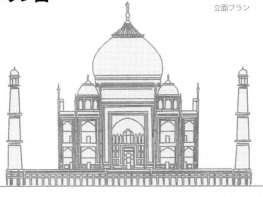

地階平面プラン　　屋上平面プラン

シャー・ジャハーン帝の墓石　ムムターズの墓石
副房
イワン
チャトリ
ドーム

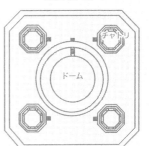

『タージ・マハル』
(アミーナ・オカダ・M.C. ジョシ / 岩波書店)
掲載図をもとに作成

0m　　　　50m

Agra　タージ鑑賞案内

INDIA
北インド

गुंबद；ドームDome ［★★☆］

空に映えるボリューム感ある印象的な白亜のドーム。頂点から左右に曲線を描きながら広がり、ドーム下部で少し引きしめられている。太陽の光を受けて影をつくるなど表情が変わっていくため、見る者ごとに異なる印象をあたえる。廟本体に敷設された小さなドームを従えていて、またドームと左右のミナレットの調和が美しい。このドームはペルシャで生み出された技法で、イスラム建築に広く見られる。

▲左　頂部のドーム屋根。　▲右　ミナレットが本体を引き立てる

ताज महल；墓廟本体Body［★★☆］

八角形の平面に建てられた墓廟本体。内部は中央の部屋を8つの部屋が二層（16部屋）で取り囲むプランをしていて、ハシュト・ベヘシュト（8つの楽園）と呼ばれる。霊廟を彩る装飾は、水仙、チューリップ、カーネーション、アイリスなどの花で彩られ、琥珀、瑠璃、翡翠などの宝石はそれぞれビルマ、中央アジアなどからとりよせられたのだという。皇帝と妃ムムターズ・マハルはその顔をメッカに向けるようにして葬られている。

INDIA
北インド

मीनार；ミナレット Minaret [★★☆]

タージ・マハルの四隅に立つ4本のミナレット。4本のミナレットは、それぞれ中央の皇妃ムムターズ・マハルに仕える4人の待女を意味する。本来、ミナレットはイスラム教の礼拝の呼びかけに使うものだが、タージ・マハルでは装飾、視覚効果を高め、本体を引き立てる役割を果たしている。また通常のイスラム建築では、ミナレットは本体と分離しているが、タージでは本体と一体化しているのも特徴。

▲左 タージ・マハルのすぐ裏側を流れるジャムナ河。　▲右 タージ・マハルで出逢った人々

महताब बाघ ; マターブ・バーグMehtab Bagh［★☆☆］

ジャムナ河をはさんでちょうどタージ・マハルの対岸に位置するマターブ・バーグ。シャー・ジャハーン帝は、ムムターズの墓「白のタージ」に対して、ここに同じプランで黒大理石を用いた自身の墓「黒のタージ」をつくろうとしていたという話が残っている（完全な対称が美とされるイスラム世界にあって、タージ・マハルは線対称であるが点対称でなく、新たに黒のタージをつくることで完全な対称の実現を試みようとした）。ふたつの墓のあいだには橋が架けられる予定だったというが、シャー・ジャハーン帝が三男アウラングゼーブに幽閉されたことで叶わなかった。

愛する皇妃への想いから

INDIA 北インド

猛々しきラージプートの血をひくシャー・ジャハーン

ペルシャ名家の美しき女性ムムターズ・マハル
ふたりの愛は皇妃の死後も続き、永遠のものとなった

愛するムムターズのために

タージ・マハルの最大の特徴は「神のための神殿（宗教）」や「王のための宮殿（権力）」でなく、「皇帝の愛する妻のための墓廟」であるという点にある。ムムターズはペルシャ出身のアーサフ・ハンの娘で、第4代皇帝の妻ヌール・ジャハーンを叔母にもつ名門の家柄に生まれた。一夫多妻制が宮廷の常識であった時代にあって、シャー・ジャハーン帝は愛するムムターズただひとりに14人の子どもを産ませ、皇帝の15人目の子どもの出産にあたって、ムムターズ・マハルは産褥熱で命を落とすことになった。フランス人宝石商ベルニエは「（ムムターズは）並外れた

▲左　シャー・ジャハーン帝とムムターズ・マハルが隣り合わせてまつられている。　▲右　チャハール・バーグの庭園は天国が表現されているという

有名な美女で、彼はあまりに熱愛していたため、彼女の生きている限りは他の女性を見ることなく、その死後は自らも死のうとしたほど」(『ムガル帝国誌』) と記している。

ふたりの出逢い

ふたりのはじめての出逢いは、アーグラ城で行なわれた宮廷の模擬市でのことだった。この催しでは宝石や調度品、装身具などがならべられ、王族や貴族は高級な品々を手にとって品評したり、気にいったものを買ったりしていた。ムムターズ・マハルは売り手として参加しており、シャー・ジャハーンは彼女の

INDIA
北インド

美しさに一目で心奪われた。ならべられていたガラス玉を手にとって、「これはいくらか？」と尋ねたところ、彼女は「1万ルピー」といたずらに法外な額を提示した。するとシャー・ジャハーンは値切ることなく、黄金の入った袋をおいて無言で立ち去ったという。シャー・ジャハーンは、この美しい娘に激しい恋心を抱き、1612年にふたりが結婚したとき、新郎は15歳、新婦は12歳だった。

▲左 美しくサリーを着こなす女性。 ▲右 草花をモチーフにした文様が見える

さる建築家の想い

タージ・マハルは、皇妃ムムターズ・マハルに恋していた建築家によって設計されたという説がある。墓廟の造営を命じられた建築家は、ムムターズを想いながら設計プランを練りあげてついに完成にいたった。その出来栄えに感嘆したシャー・ジャハーンは、「褒美に何かとらせよう」と尋ねると、建築家は「ムムターズのための墓をつくれただけで充分で、何もいらない」と答えた。その言語を聴いてすべてを察した皇帝は「褒美を渡すので両手を差し出すよう」に命じ、建築家の両腕を剣で切り落として二度と仕事をできないようにしてしまったという。

Guide,
Agra Fort
アーグラ城
城市案内

鮮烈な印象をあたえる赤砂岩の色彩
威圧的なまでの威容をもつ城壁と門構え
この王城のなかにムガル皇帝の暮らしがあった

आगरा किला；アーグラ城Agra Fort［★★★］

ジャムナ河を背にして立つ赤砂岩のアーグラ城。ムガル帝国の王城として第3代アクバル帝治下の1563〜1573年に築かれ、その後、ジャハンギール帝、シャー・ジャハーン帝といったムガル皇帝と皇妃、王族たちが起居する場となった。アクバル帝による16世紀には宮殿のほとんどが赤砂岩製だったが、17世紀の第5代シャー・ジャハーン帝の時代に白大理石がもちいて再建され、また第6代アウラングゼーブ帝の時代に、強固な壁の外側にさらに堀がめぐらされた。ムガル宮廷がここにあったときにはデリー門内にバザールと城下町が敷

【地図】アーグラ新市街

【地図】アーグラ新市街の [★★★]
- [ ] アーグラ城 Agra Fort

【地図】アーグラ新市街の [★☆☆]
- [ ] ジャマー・マスジッド Jamma Masjid

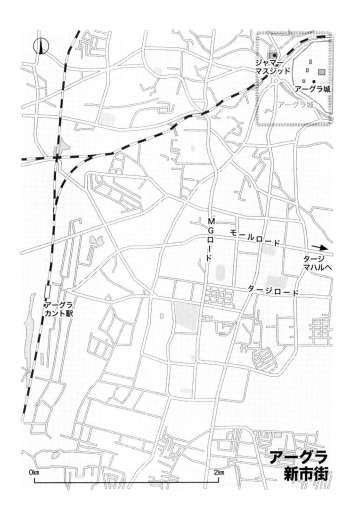

【地図】アーグラ城

【地図】アーグラ城の [★★★]
- [ ] アーグラ城 Agra Fort

【地図】アーグラ城の [★★☆]
- [ ] アマル・シン門 Amar Singh Gate
- [ ] ムサンマン・ブルジュ Musamman Burj

【地図】アーグラ城の [★☆☆]
- [ ] ジャハンギール殿 Jahangiri Mahal
- [ ] ディワーネ・アーム（公的謁見殿）Diwan-e Am
- [ ] ディワーネ・カース（私的謁見殿）Diwan-e Khas
- [ ] ハース・マハル Khas Mahal
- [ ] モティ・マスジッド Moti Masjid
- [ ] シティ City
- [ ] ジャマー・マスジッド Jamma Masjid
- [ ] ジャムナ河 Jamuna River

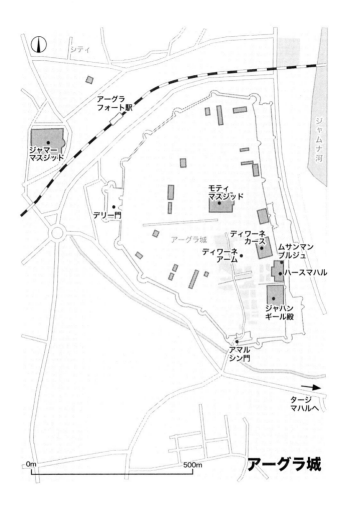

Agra アーグラ城鑑賞案内

設され、礼拝用のモスクも備えられていた（17世紀、デリーのシャージャハナーバードが造営とともに遷都された）。現在、世界遺産に指定されている。

अमर सिंह द्वार;アマル・シン門 Amar Singh Gate ［★★☆］

アーグラ城の正門にあたるアマル・シン門。赤砂岩色の堅ろうな門構えをし、イワン様式の通用口を抜けるとさらにアクバル門が立つなど防衛上強固なつくりとなっている。アマル・シンという名前は、ムガル帝国と同盟関係にあった17世紀のジョードプル王の名前に由来する。

▲左　アマル・シン門、ここから先がムガル帝国の宮廷アーグラ城。　▲右 緑とピンクの衣装をまとった女性

जहाँगीरी महल；
ジャハンギール殿 Jahangiri Mahal ［★☆☆］

横に伸びる美しい建築ジャハンギール殿では、イスラム教とヒンドゥー教の融合を目指したアクバル帝の理念が表現されている。イスラム風の左右対称のファザードをもち、その上部にはヒンドゥー教のチャトリ（小塔）が載っている。赤砂岩をもとにした本体の窓枠などには、白大理石の装飾が見られる。現存するアーグラ城の建築のほとんどがシャー・ジャハーン帝時代のものだが、例外的にこの宮殿はアクバル帝時代のものとなっている。

INDIA
北インド

दीवान-ए-आम；
ディワーネ・アーム（公的謁見殿）Diwan-e Am ［★☆☆］

ディワーネ・アームは、ムガル皇帝がその臣下や民に謁見した宮殿。皇帝の玉座が安置されており、皇帝はここで政治政策の上奏を受け、また統治する領土の状況や民の願いを聴く場所でもあった。アクバル帝のときに建てられた謁見殿は木製だったが、シャー・ジャハーン帝の時代に現在の白大理石の姿になった。9つのアーチをもつ正面をもち、なかに入ると、柱とアーチが森のように続く。

▲左　インドで産出される赤砂岩がもちいられている。　▲右　アクバル帝の理想が具現されたジャハンギール殿

アクバル帝の後宮

インド史のなかでも名君のひとりに数えられるムガル帝国第3代アクバル帝。その後宮には5000人もの美女がいて、それらの女性をチェスの駒に見立て、等身大のチェスを愉しんだという。後宮の女性の世話にあたったのが宦官（去勢された男子）で、中国、ペルシャ、トルコなどの後宮で権力をふるう存在だった。

दीवान-ए-खास；
ディワーネ・カース（私的謁見殿）Diwan-e Khas ［★☆☆］

一般向け謁見殿のディワーネ・アームに対して、ここディワ-

INDIA
北インド

ネ・カースは皇帝が都アーグラを訪れた貴賓と謁見する宮殿だった。宮殿の四隅にはチャトリが立つインド・イスラム様式の宮殿で、本体壁面は精緻な彫刻で彩られている。ムガル宮廷では、入口により近いところにディワーネ・アームが、その奥にディワーネ・カースがおかれた。

मुसम्मन बुर्ज ;
ムサンマン・ブルジュ Musamman Burj ［★★☆］

ムサンマン・ブルジュは息子のアウラングゼーブ（後の第6代皇帝）に幽閉されたシャー・ジャハーン帝が、その余生の

▲左　皇帝が人々と謁見したディワーネ・アーム。　▲右　シャー・ジャハーン帝が幽閉されたムサンマン・ブルジュ

7年を過ごした通称「囚われの塔」。八角形のプランをもち、ここの小さな窓からタージ・マハルを毎日、眺め、愛するムムターズ・マハルを偲んでいたという。1666年、74歳のシャー・ジャハーン帝は『コーラン』の朗唱を聴きながら亡くなり、その遺体はジャムナ河を船でくだって、タージ・マハルへと運ばれた。現在、シャー・ジャハーン帝はムムターズ・マハルの墓の脇に葬られている。

खास महल；ハース・マハル Khas Mahal ［★☆☆］

皇帝の起居の場であったハース・マハル。シャー・ジャハー

INDIA
北インド

ン帝が好んだ白大理石をもちいてつくられていて、皇帝が飲食をし、その寝室がおかれるといった生活空間があった。

芸術に没頭した皇帝

第4代ジャハンギール帝は、芸術や自然を愛し、とくにその晩年、酒浸りになっていた。そのため皇帝の後半生は皇妃ヌール・ジャハーン(ムムターズ・マハルの叔母)とその一族に政治の実権がにぎられていた。あるとき皇妃が皇帝の飲酒癖に怒って、「自分の足に手をついて謝らないと許さない」と言い放った。皇帝に手をつけさせるわけはいかないので、臣

▲左　アーグラ観光に訪れていた親子。　▲右　金色の屋根を載せるゴールデン・パビリオン

下は皇妃を中庭に立たせ、階上バルコニーに立った皇帝の手の影が彼女の足にふれるようにしたという。

स्वर्ण मंडप; ゴールデン・パビリオン Golden Pavilions [★☆☆]

アーグラ城の穀倉の役割を果たしていたゴールデン・パビリオン。四隅のたれさがった屋根をもつ建築様式は、ベンガル地方の民家でもちいられるもので、ムガル帝国がベンガル地方を領域としたことで、アーグラやデリーにもとりいれられた。四隅がたれさがっているのは、雨の多いベンガル地方にあって、効率的に排水するための工夫だとされる。

INDIA
北インド

मोती मस्जिद ; モティ・マスジッド Moti Masjid [★☆☆]

ムガル王族のための礼拝堂だった白亜のモティ・マスジッド(「真珠モスク」)。3つのドームがならび、モスク前の中庭には泉が配置されている。そのほかにも皇室用の礼拝堂である小さなミーナ・モスク、宮廷の女官たち（ゼーナ）のための礼拝堂ナギーナ・モスクなどがあった。

Guide, City
シティ
城市案内

INDIA
北インド

現在のアーグラ市街は広域におよぶ
アーグラ城北側に広がるシティは
中世以来の伝統をもつ

सिटी；シティ City ［★☆☆］

アーグラ城の北側に広がる旧市街シティ。ジャマー・マスジッドはじめ、このあたりの街区はムガル帝国以来の伝統をもつ。

जामा मस्जिद；ジャマー・マスジッド Jamma Masjid［★☆☆］

ジャマー・マスジッドは、イスラム教徒の金曜日の集団礼拝が行なわれるモスク。ムガル帝国時代の1645～48年にかけて第5代シャー・ジャハーン帝とムムターズ・マハルの子であった王女ジャハーン・アーラーの命で造営された。礼拝堂はアーグラ城と同じくこの街の近郊で産出される赤砂岩がも

▲左　ジャムナ河の恵みでアーグラは育まれた。　▲右　シティの中心に立つジャマー・マスジッド

ちいられ、そのうえに白大理石のドームが3つならぶ（ミナレットはない）。16世紀にはイスラム王朝であるデリー・サルタナット（ローディー）朝の都がおかれ、その後もムガル帝国の都となったアーグラではイスラム教の伝統が現在まで息づいている。

एतमादुद्दौला का मकबरा ; イティマド・ウッダウラ廟
Mausoleum of Itimad ud Daula ［★★☆］

イティマド・ウッダウラはペルシャ出身のムガル帝国宰相ミルザー・ギヤース・ベーグの称号で、「王家の柱」を意味する。

INDIA
北インド

墓廟におさめられたミルザー・ギヤース・ベーグは第4代ジャハンギール帝の皇妃ヌール・ジャハーンの父親で、皇妃とその一族は政治に興味を失った皇帝から実権を奪って宮廷に勢力を誇った（この霊廟はヌール・ジャハーンの命で建てられた）。白大理石で覆われた美しい建物の外壁には、黄色や茶色などの各種大理石がはめこまれていて、このイティマド・ウッダウラ廟で見られる技術は、タージ・マハルでも応用されている。

राम बाग；ラーム・バーグ Ram Bagh [★☆☆]

幾何学的、対称性といった特徴をもつラーム・バーグは、ム

【MEMO】

【地図】シティ

【地図】シティの [★★★]
- [ ] アーグラ城 Agra Fort

【地図】シティの [★★☆]
- [ ] イティマド・ウッダウラ廟 Mausoleum of Itimad ud Daula

【地図】シティの [★☆☆]
- [ ] シティ City
- [ ] ジャマー・マスジッド Jamma Masjid
- [ ] ジャムナ河 Jamuna River

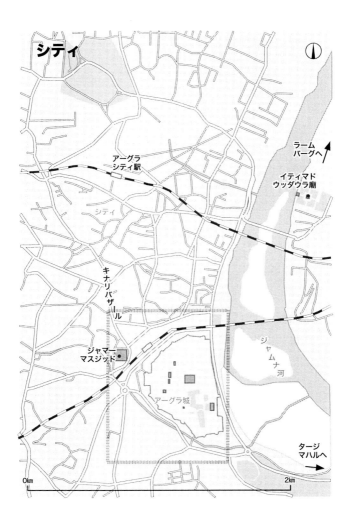

INDIA
北インド

ガル帝国初代バーブル帝によってインドではじめて造営されたムガル庭園。インドに進出したバーブルがまず行なったことが、イスラム聖者の墓に巡礼することと、庭園造営のための土地を探すことであった(バーブルは非対称的なインドの建築、自然が好きになれず、整然とした対称性をもつペルシャ・イスラム様式の庭園が造営された)。バラや水仙の咲く美しい花壇、果樹園が広がっていたと伝えられるが、現在もレンガの敷かれた歩道や庭園に水をひいた水路、ジャムナ河に臨む基壇跡が残っている。

▲左　ナンを焼く店、焼きたてがおいしい。　▲右　アーグラ城で出逢った少年

यमुना नदी ; ジャムナ河 Jamuna River [★☆☆]

ジャムナ河はヒマラヤの雪解け水を集めてウッタラーンチャル州からくだり、デリーを通って、マトゥラー、アーグラといった街をうるおしてアラハバードでガンジス河と合流する。全長は1380kmになり、アーグラやデリーといった街は、この河の恵みを受けることで発展してきた。タージ・マハルはジャムナ河が大きく流れを変える強い地盤に築かれていて、その対岸にはヒンドゥー教徒のための火葬場が見られる（イスラム教は土葬）。またヒンドゥー教ではこの河はジャムナ女神として神格化され、信仰の対象にもなっている。

城市のうつりかわり

ムガル帝国の都として繁栄をきわめたアーグラ
この街はさまざま王朝による争奪の場となってきた
中世インドの面影を伝える古都の変

イスラム王朝以前

アーグラは絶えることないジャムナ河の恵みで育まれた。この街の歴史は古く、古代インドの叙事詩『マハーバーラタ』でもアグラバナ（楽園）の名前が見られる。カイバル峠を越えて北西から新たな勢力が侵入し、土着の勢力と融合してきたインド史にあって、アーグラはガンジス中流域、デカン高原、インド西部へといたる交通の要衝となってきた。

ローディー朝の都シカンドラ（16世紀初頭〜）

ローディー朝の第2代シカンダル・ローディーが、それまで

INDIA
北インド

の都デリーからより政治、軍事面に優れ、ジャムナ河の水利があるアーグラに遷都することで現在まで続く街がつくられることになった。16世紀初頭にシカンダル・ローディーの支配下に入ったあと、自身の名前を冠した街の造営が行なわれ、その地名はアクバル廟が位置するシカンドラとして残っている（シカンダルはこの地で没したが、その墓はデリーにある）。シカンダルの死後、ローディー朝は混乱し、ムガルの侵入を受けることになった。

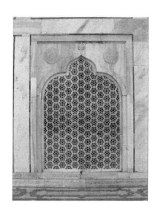 

▲左　タージ・マハルにほどこされた装飾。　▲右　堂々としたたたずまい

王朝の交代、バーブル帝入城（1526年〜）

1526年、パニーパットの会戦でローディー朝に勝利した初代バーブル帝はアーグラに入城し、ムガル帝国が樹立された。ムガル帝国は初代バーブル帝から第2代フマユーン帝に受け継がれるが、その支配基盤は脆弱で、やがてガンジス河近くビハールの領主シェール・シャーが台頭し、ムガル軍を破って1540年にアーグラの主となった（シェール・シャーは皇帝を宣言し、スール朝が樹立された）。ムガル王族は隣国ペルシャのサファヴィー朝の宮廷へ避難し、再び、インドへ進出する機会をうかがっていた。

INDIA
北インド

ムガル帝国の都アクバラバード（1564年〜）

街道の整備や税制改革を行なったシェール・シャーの政策は、のちのムガル帝国の安定につながったと言われる。1545年のシェール・シャーの死後、ムガル軍は勢力を盛り返し、第3代アクバル帝は1564〜75年にかけてアーグラ城を築き、ムガル帝国の都がおかれることになった（アーグラはアクバル帝の名前をとって、「偉大なる都」アクバラバードと呼ばれていた）。また1569〜74年にかけてアーグラ西40kmに都ファテープル・シークリーも造営され、帝国の繁栄は絶頂を迎えていた。以後、第4代ジャハンギール帝の時代にはラホー

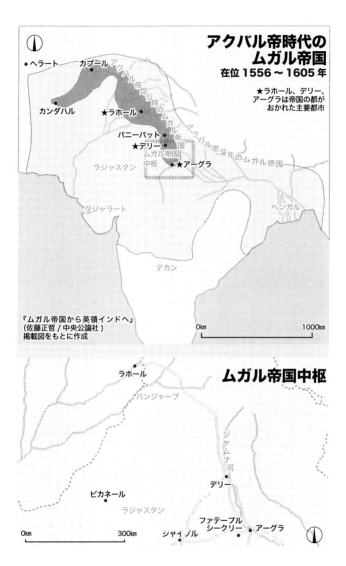

INDIA
北インド

ルに都が遷されたが、第5代シャー・ジャハーン帝はアーグラで即位し、この時代にタージ・マハルがつくられることになった。

マラータ同盟の侵入（18世紀〜）
ムガル帝国の支配基盤は、皇帝と地方の有力者が主従関係を結ぶことで成り立っていたが、やがて徴税体制が崩壊し、中インドのマラータ同盟、パンジャーブのシク教徒、ベンガルのイギリス東インド会社などが各地方で勢力をもつようになった（また農民カーストのジャートがデリー、アーグラで

反乱を起こすなど混乱状態にあった)。1707年のアウラングゼーブ帝死後、ヒンドゥー教徒のマラータ同盟が勢力を増してアーグラへ入城し、アーグラ城を明け渡したムガル帝国はデリー近郊の小さな勢力へと成りさがった。

イギリス東インド会社の保護下へ（19世紀〜）
プラッシーの戦い以後、ベンガル地方の徴税権をにぎったイギリス東インド会社は、その勢力を拡大し、三度にわたるマラータ戦争でイギリスがインド全域を支配するようになった。アーグラは1803年にイギリス東インド会社の支配下に

INDIA
北インド

入ったが、そのときに財宝はほとんど残っていなかったという。1833〜58年にかけてアーグラは、イギリス東インド会社のアーグラ管区の中心地として、綿花や石材などの集散地となった。

近代から現代へ（20世紀〜）
インドが近代から現代へと迎えるなか、インドの中心はイギリス東インド会社の首都として発展したコルカタ、ムガル帝国の皇帝が最後に暮らしたデリー、またインド洋に面したムンバイやチェンナイへと遷っていった。1947年には、「イン

Agra　城市のうつりかわり

ド」と「イスラム教徒のインド(パキスタン)」が分離独立することになり、アーグラに暮らしていたイスラム教徒の多くが、パキスタンへと移住した。現在、アーグラにはタージ・マハルやアーグラ城などムガル帝国以来の史蹟が残り、インド屈指の観光地となっている。

【MEMO】

【MEMO】

【MEMO】

INDIA
北インド

【MEMO】

参考文献

『タージ・マハル』(アミーナ・オカダ / 岩波書店)
『タージ・マハル物語』(渡辺建夫 / 朝日新聞社)
『インド建築案内』(神谷武夫 / TOTO出版)
『ムガル美術の旅』(山田篤美 / 朝日新聞社)
『世界の歴史14 ムガル帝国から英領インドへ』(佐藤正哲 / 中央公論社)
『世界大百科事典』(平凡社)

まちごとパブリッシングの旅行ガイド

Machigoto INDIA , Machigoto ASIA , Machigoto CHINA

【北インド - まちごとインド】

001 はじめての北インド
002 はじめてのデリー
003 オールド・デリー
004 ニュー・デリー
005 南デリー
012 アーグラ
013 ファテープル・シークリー
014 バラナシ
015 サールナート
022 カージュラホ
032 アムリトサル

【西インド - まちごとインド】

001 はじめてのラジャスタン
002 ジャイプル
003 ジョードプル
004 ジャイサルメール
005 ウダイプル
006 アジメール(プシュカル)
007 ビカネール
008 シェカワティ
011 はじめてのマハラシュトラ
012 ムンバイ
013 プネー
014 アウランガバード
015 エローラ
016 アジャンタ
021 はじめてのグジャラート
022 アーメダバード
023 ヴァドダラー(チャンパネール)
024 ブジ(カッチ地方)

【東インド - まちごとインド】

002 コルカタ
012 ブッダガヤ

【南インド - まちごとインド】

001 はじめてのタミルナードゥ
002 チェンナイ
003 カーンチプラム
004 マハーバリプラム
005 タンジャヴール
006 クンバコナムとカーヴェリー・デルタ
007 ティルチラパッリ
008 マドゥライ
009 ラーメシュワラム
010 カニャークマリ
021 はじめてのケーララ
022 ティルヴァナンタプラム
023 バックウォーター(コッラム〜アラップーザ)
024 コーチ(コーチン)
025 トリシュール

【ネパール - まちごとアジア】

001 はじめてのカトマンズ
002 カトマンズ
003 スワヤンブナート

004 パタン
005 バクタプル
006 ポカラ
007 ルンビニ
008 チトワン国立公園

【バングラデシュ - まちごとアジア】

001 はじめてのバングラデシュ
002 ダッカ
003 バゲルハット（クルナ）
004 シュンドルボン
005 プティア
006 モハスタン（ボグラ）
007 パハルプール

【パキスタン - まちごとアジア】

002 フンザ
003 ギルギット（KKH）
004 ラホール
005 ハラッパ
006 ムルタン

【イラン - まちごとアジア】

001 はじめてのイラン
002 テヘラン
003 イスファハン
004 シーラーズ
005 ペルセポリス
006 パサルガダエ（ノグシェ ロスタム）
007 ヤズド
008 チョガ・ザンビル（アフヴァーズ）
009 タブリーズ

010 アルダビール

【北京 - まちごとチャイナ】

001 はじめての北京
002 故宮（天安門広場）
003 胡同と旧皇城
004 天壇と旧崇文区
005 瑠璃廠と旧宣武区
006 王府井と市街東部
007 北京動物園と市街西部
008 頤和園と西山
009 盧溝橋と周口店
010 万里の長城と明十三陵

【天津 - まちごとチャイナ】

001 はじめての天津
002 天津市街
003 浜海新区と市街南部
004 薊県と清東陵

【上海 - まちごとチャイナ】

001 はじめての上海
002 浦東新区
003 外灘と南京東路
004 淮海路と市街西部
005 虹口と市街北部
006 上海郊外（龍華・七宝・松江・嘉定）
007 水郷地帯（朱家角・周荘・同里・甪直）

【河北省 - まちごとチャイナ】

001 はじめての河北省
002 石家荘
003 秦皇島
004 承徳
005 張家口
006 保定
007 邯鄲

【江蘇省 - まちごとチャイナ】

001 はじめての江蘇省
002 はじめての蘇州
003 蘇州旧城
004 蘇州郊外と開発区
005 無錫
006 揚州
007 鎮江
008 はじめての南京
009 南京旧城
010 南京紫金山と下関
011 雨花台と南京郊外・開発区
012 徐州

【浙江省 - まちごとチャイナ】

001 はじめての浙江省
002 はじめての杭州
003 西湖と山林杭州
004 杭州旧城と開発区
005 紹興
006 はじめての寧波
007 寧波旧城
008 寧波郊外と開発区
009 普陀山
010 天台山
011 温州

【福建省 - まちごとチャイナ】

001 はじめての福建省
002 はじめての福州
003 福州旧城
004 福州郊外と開発区
005 武夷山
006 泉州
007 厦門
008 客家土楼

【広東省 - まちごとチャイナ】

001 はじめての広東省
002 はじめての広州
003 広州古城
004 天河と広州郊外
005 深圳（深セン）
006 東莞
007 開平（江門）
008 韶関
009 はじめての潮汕
010 潮州
011 汕頭

【遼寧省 - まちごとチャイナ】

001 はじめての遼寧省
002 はじめての大連
003 大連市街
004 旅順
005 金州新区

006 はじめての瀋陽
007 瀋陽故宮と旧市街
008 瀋陽駅と市街地
009 北陵と瀋陽郊外
010 撫順

【重慶 - まちごとチャイナ】

001 はじめての重慶
002 重慶市街
003 三峡下り（重慶～宜昌）
004 大足

【香港 - まちごとチャイナ】

001 はじめての香港
002 中環と香港島北岸
003 上環と香港島南岸
004 尖沙咀と九龍市街
005 九龍城と九龍郊外
006 新界
007 ランタオ島と島嶼部

【マカオ - まちごとチャイナ】

001 はじめてのマカオ
002 セナド広場とマカオ中心部
003 媽閣廟とマカオ半島南部
004 東望洋山とマカオ半島北部
005 新口岸とタイパ・コロアン

【Juo-Mujin（電子書籍のみ）】

Juo-Mujin 香港縦横無尽
Juo-Mujin 北京縦横無尽
Juo-Mujin 上海縦横無尽

【自力旅游中国 Tabisuru CHINA】

001 バスに揺られて「自力で長城」
002 バスに揺られて「自力で石家荘」
003 バスに揺られて「自力で承徳」
004 船に揺られて「自力で普陀山」
005 バスに揺られて「自力で天台山」
006 バスに揺られて「自力で秦皇島」
007 バスに揺られて「自力で張家口」
008 バスに揺られて「自力で邯鄲」
009 バスに揺られて「自力で保定」
010 バスに揺られて「自力で清東陵」
011 バスに揺られて「自力で潮州」
012 バスに揺られて「自力で汕頭」
013 バスに揺られて「自力で温州」

【車輪はつばさ】
南インドのアイラヴァテシュワラ寺院には建築本体に車輪がついていて寺院に乗った神さまが人びとの想いを運ぶと言います。

- 本書はオンデマンド印刷で作成されています。
- 本書の内容に関するご意見、お問い合わせは、発行元の
  まちごとパブリッシング info@machigotopub.com までお願いします。

まちごとインド
北インド012アーグラ
～タージ・マハルと「愛の物語」［モノクロノートブック版］

2017年11月14日　発行

著　者	「アジア城市（まち）案内」制作委員会
発行者	赤松　耕次
発行所	まちごとパブリッシング株式会社 〒181-0013　東京都三鷹市下連雀4-4-36 URL http://www.machigotopub.com/
発売元	株式会社デジタルパブリッシングサービス 〒162-0812　東京都新宿区西五軒町11-13 清水ビル3F
印刷・製本	株式会社デジタルパブリッシングサービス URL http://www.d-pub.co.jp/

MP006

ISBN978-4-86143-140-1 C0326　　　Printed in Japan
本書の無断複製複写（コピー）は、著作権法上での例外を除き、禁じられています。